ITEM # _____ LISTED ☐

MW00998551

DESCRIPTION/MEASUREMENTS:

WOMENS   MENS   KIDS

CATEGORY: _____

SUB-CATEGORY: _____

QUALITY: _____

NEW WITH TAGS?   YES   NO   SIZE: _____

BRAND: _____

COLOR(S): _____

ORIGINAL MSRP: _____   MIN. SELL PRICE: _____

PHOTOS TAKEN: ☐   DATE LISTED: _____

DATE SOLD: _____   DATE SHIPPED: _____

SOLD PRICE   -   FEES   -   COST OF ITEM   =   **PROFIT**

_____   -   _____   -   _____   =   _____

ITEM # _____   LISTED ☐   SOLD ☐

DESCRIPTION/MEASUREMENTS:

WOMENS   MENS   KIDS

CATEGORY: _____

SUB-CATEGORY: _____

QUALITY: _____

NEW WITH TAGS?   YES   NO   SIZE: _____

BRAND: _____

COLOR(S): _____

ORIGINAL MSRP: _____   MIN. SELL PRICE: _____

PHOTOS TAKEN: ☐   DATE LISTED: _____

DATE SOLD: _____   DATE SHIPPED: _____

SOLD PRICE   -   FEES   -   COST OF ITEM   =   **PROFIT**

_____   _____   _____   _____

ITEM # _____   LISTED ☐   SOLD ☐

DESCRIPTION/MEASUREMENTS:

WOMENS   MENS   KIDS

CATEGORY: _____

  SUB-CATEGORY: _____

QUALITY: _____

NEW WITH TAGS?   YES   NO   SIZE: _____

  BRAND: _____

  COLOR(S): _____

ORIGINAL MSRP: _____   MIN. SELL PRICE: _____

PHOTOS TAKEN: ☐   DATE LISTED: _____

DATE SOLD: _____   DATE SHIPPED: _____

SOLD PRICE   -   FEES   -   COST OF ITEM   =   **PROFIT**

_____   _____   _____   _____

ITEM #   LISTED ☐   SOLD ☐

DESCRIPTION/MEASUREMENTS:

WOMENS   MENS   KIDS

CATEGORY: _____

SUB-CATEGORY: _____

QUALITY: _____

NEW WITH TAGS?   YES   NO   SIZE: _____

BRAND: _____

COLOR(S): _____

ORIGINAL MSRP: _____   MIN. SELL PRICE: _____

PHOTOS TAKEN: ☐   DATE LISTED: _____

DATE SOLD: _____   DATE SHIPPED: _____

SOLD PRICE - FEES - COST OF ITEM = **PROFIT**

_____   _____   _____   _____

ITEM # _____ LISTED ☐ SOLD ☐

DESCRIPTION/MEASUREMENTS:

WOMENS   MENS   KIDS

CATEGORY: _____

SUB-CATEGORY: _____

QUALITY: _____

NEW WITH TAGS?   YES   NO   SIZE: _____

BRAND: _____

COLOR(S): _____

ORIGINAL MSRP: _____   MIN. SELL PRICE: _____

PHOTOS TAKEN: ☐   DATE LISTED: _____

DATE SOLD: _____   DATE SHIPPED: _____

SOLD PRICE   -   FEES   -   COST OF ITEM   =   **PROFIT**

_____ _____ _____ _____

ITEM # _____ LISTED ☐ SOLD ☐

DESCRIPTION/MEASUREMENTS:

WOMENS MENS KIDS

CATEGORY: _____

SUB-CATEGORY: _____

QUALITY: _____

NEW WITH TAGS? YES NO SIZE: _____

BRAND: _____

COLOR(S): _____

ORIGINAL MSRP: _____ MIN. SELL PRICE: _____

PHOTOS TAKEN: ☐ DATE LISTED: _____

DATE SOLD: _____ DATE SHIPPED: _____

SOLD PRICE - FEES - COST OF ITEM = **PROFIT**

_____ _____ _____ _____

ITEM # _____ LISTED ☐ SOLD ☐

DESCRIPTION/MEASUREMENTS:

WOMENS   MENS   KIDS

CATEGORY: _____

SUB-CATEGORY: _____

QUALITY: _____

NEW WITH TAGS?   YES   NO   SIZE: _____

BRAND: _____

COLOR(S): _____

ORIGINAL MSRP: _____   MIN. SELL PRICE: _____

PHOTOS TAKEN: ☐   DATE LISTED: _____

DATE SOLD: _____   DATE SHIPPED: _____

SOLD PRICE	-	FEES	-	COST OF ITEM	=	**PROFIT**
_____		_____		_____		_____

ITEM #   LISTED ☐   SOLD ☐

DESCRIPTION/MEASUREMENTS:

WOMENS   MENS   KIDS

CATEGORY: _____

SUB-CATEGORY: _____

QUALITY: _____

NEW WITH TAGS?   YES   NO   SIZE: _____

BRAND: _____

COLOR(S): _____

ORIGINAL MSRP: _____   MIN. SELL PRICE: _____

PHOTOS TAKEN: ☐   DATE LISTED: _____

DATE SOLD: _____   DATE SHIPPED: _____

SOLD PRICE   -   FEES   -   COST OF ITEM   =   **PROFIT**

_____   _____   _____   _____

ITEM # _____   LISTED ☐   SOLD ☐

DESCRIPTION/MEASUREMENTS:

WOMENS   MENS   KIDS

CATEGORY: _____

SUB-CATEGORY: _____

QUALITY: _____

NEW WITH TAGS?   YES   NO   SIZE: _____

BRAND: _____

COLOR(S): _____

ORIGINAL MSRP: _____   MIN. SELL PRICE: _____

PHOTOS TAKEN: ☐   DATE LISTED: _____

DATE SOLD: _____   DATE SHIPPED: _____

SOLD PRICE   -   FEES   -   COST OF ITEM   =   **PROFIT**

_____   _____   _____   _____

ITEM #   LISTED ☐   SOLD ☐

DESCRIPTION/MEASUREMENTS:

WOMENS   MENS   KIDS

CATEGORY: _____

     SUB-CATEGORY: _____

QUALITY: _____

NEW WITH TAGS?   YES   NO   SIZE: _____

     BRAND: _____

     COLOR(S): _____

ORIGINAL MSRP: _____   MIN. SELL PRICE: _____

PHOTOS TAKEN: ☐   DATE LISTED: _____

DATE SOLD: _____   DATE SHIPPED: _____

SOLD PRICE	-	FEES	-	COST OF ITEM	=	**PROFIT**
_____		_____		_____		_____

ITEM # _____ LISTED ☐ SOLD ☐

DESCRIPTION/MEASUREMENTS:

WOMENS   MENS   KIDS

CATEGORY: _____

SUB-CATEGORY: _____

QUALITY: _____

NEW WITH TAGS?   YES   NO   SIZE: _____

BRAND: _____

COLOR(S): _____

ORIGINAL MSRP: _____   MIN. SELL PRICE: _____

PHOTOS TAKEN: ☐   DATE LISTED: _____

DATE SOLD: _____   DATE SHIPPED: _____

SOLD PRICE   -   FEES   -   COST OF ITEM   =   **PROFIT**

_____   _____   _____   _____

ITEM #   LISTED ☐   SOLD ☐

DESCRIPTION/MEASUREMENTS:

WOMENS   MENS   KIDS

CATEGORY: _____

SUB-CATEGORY: _____

QUALITY: _____

NEW WITH TAGS?   YES   NO   SIZE: _____

BRAND: _____

COLOR(S): _____

ORIGINAL MSRP: _____   MIN. SELL PRICE: _____

PHOTOS TAKEN: ☐   DATE LISTED: _____

DATE SOLD: _____   DATE SHIPPED: _____

SOLD PRICE   -   FEES   -   COST OF ITEM   =   **PROFIT**

_____   _____   _____   _____

ITEM # _____ LISTED ☐ SOLD ☐

DESCRIPTION/MEASUREMENTS:

WOMENS   MENS   KIDS

CATEGORY: _____

SUB-CATEGORY: _____

QUALITY: _____

NEW WITH TAGS?   YES   NO   SIZE: _____

BRAND: _____

COLOR(S): _____

ORIGINAL MSRP: _____   MIN. SELL PRICE: _____

PHOTOS TAKEN: ☐   DATE LISTED: _____

DATE SOLD: _____   DATE SHIPPED: _____

SOLD PRICE - FEES - COST OF ITEM = **PROFIT**

_____ _____ _____ _____

ITEM #   LISTED ☐   SOLD ☐

DESCRIPTION/MEASUREMENTS:

WOMENS   MENS   KIDS

CATEGORY: _____

SUB-CATEGORY: _____

QUALITY: _____

NEW WITH TAGS?   YES   NO   SIZE: _____

BRAND: _____

COLOR(S): _____

ORIGINAL MSRP: _____   MIN. SELL PRICE: _____

PHOTOS TAKEN: ☐   DATE LISTED: _____

DATE SOLD: _____   DATE SHIPPED: _____

SOLD PRICE	-	FEES	-	COST OF ITEM	=	**PROFIT**
_____		_____		_____		_____

ITEM # _____   LISTED ☐   SOLD ☐

DESCRIPTION/MEASUREMENTS:

WOMENS   MENS   KIDS

CATEGORY: _____

SUB-CATEGORY: _____

QUALITY: _____

NEW WITH TAGS?   YES   NO   SIZE: _____

BRAND: _____

COLOR(S): _____

ORIGINAL MSRP: _____   MIN. SELL PRICE: _____

PHOTOS TAKEN: ☐   DATE LISTED: _____

DATE SOLD: _____   DATE SHIPPED: _____

SOLD PRICE   -   FEES   -   COST OF ITEM   =   **PROFIT**

_____   _____   _____   _____

ITEM # _____   LISTED ☐   SOLD ☐

DESCRIPTION/MEASUREMENTS:

WOMENS   MENS   KIDS

CATEGORY: _____

SUB-CATEGORY: _____

QUALITY: _____

NEW WITH TAGS?   YES   NO   SIZE: _____

BRAND: _____

COLOR(S): _____

ORIGINAL MSRP: _____   MIN. SELL PRICE: _____

PHOTOS TAKEN: ☐   DATE LISTED: _____

DATE SOLD: _____   DATE SHIPPED: _____

SOLD PRICE   -   FEES   -   COST OF ITEM   =   **PROFIT**

_____   _____   _____   _____

ITEM # _____   LISTED ☐   SOLD ☐

DESCRIPTION/MEASUREMENTS:

WOMENS   MENS   KIDS

CATEGORY: _____

SUB-CATEGORY: _____

QUALITY: _____

NEW WITH TAGS?   YES   NO   SIZE: _____

BRAND: _____

COLOR(S): _____

ORIGINAL MSRP: _____   MIN. SELL PRICE: _____

PHOTOS TAKEN: ☐   DATE LISTED: _____

DATE SOLD: _____   DATE SHIPPED: _____

SOLD PRICE   -   FEES   -   COST OF ITEM   =   **PROFIT**

_____   _____   _____   _____

ITEM #   LISTED ☐   SOLD ☐

DESCRIPTION/MEASUREMENTS:

WOMENS   MENS   KIDS

CATEGORY: _____

SUB-CATEGORY: _____

QUALITY: _____

NEW WITH TAGS?   YES   NO   SIZE: _____

BRAND: _____

COLOR(S): _____

ORIGINAL MSRP: _____   MIN. SELL PRICE: _____

PHOTOS TAKEN: ☐   DATE LISTED: _____

DATE SOLD: _____   DATE SHIPPED: _____

SOLD PRICE	-	FEES	-	COST OF ITEM	=	**PROFIT**
_____		_____		_____		_____

ITEM # _____ LISTED ☐ SOLD ☐

DESCRIPTION/MEASUREMENTS:

WOMENS   MENS   KIDS

CATEGORY: _____

SUB-CATEGORY: _____

QUALITY: _____

NEW WITH TAGS?   YES   NO   SIZE: _____

BRAND: _____

COLOR(S): _____

ORIGINAL MSRP: _____   MIN. SELL PRICE: _____

PHOTOS TAKEN: ☐   DATE LISTED: _____

DATE SOLD: _____   DATE SHIPPED: _____

SOLD PRICE - FEES - COST OF ITEM = **PROFIT**

_____   _____   _____   _____

ITEM # _____ LISTED ☐ SOLD ☐

DESCRIPTION/MEASUREMENTS:

WOMENS   MENS   KIDS

CATEGORY: _____

SUB-CATEGORY: _____

QUALITY: _____

NEW WITH TAGS?   YES   NO   SIZE: _____

BRAND: _____

COLOR(S): _____

ORIGINAL MSRP: _____   MIN. SELL PRICE: _____

PHOTOS TAKEN: ☐   DATE LISTED: _____

DATE SOLD: _____   DATE SHIPPED: _____

SOLD PRICE   -   FEES   -   COST OF ITEM   =   **PROFIT**

_____   _____   _____   _____

ITEM #   LISTED ☐   SOLD ☐

DESCRIPTION/MEASUREMENTS:

WOMENS   MENS   KIDS

CATEGORY: _____

SUB-CATEGORY: _____

QUALITY: _____

NEW WITH TAGS?   YES   NO   SIZE: _____

BRAND: _____

COLOR(S): _____

ORIGINAL MSRP: _____   MIN. SELL PRICE: _____

PHOTOS TAKEN: ☐   DATE LISTED: _____

DATE SOLD: _____   DATE SHIPPED: _____

SOLD PRICE   -   FEES   -   COST OF ITEM   =   **PROFIT**

_____   _____   _____   _____

ITEM #   LISTED ☐   SOLD ☐

DESCRIPTION/MEASUREMENTS:

WOMENS   MENS   KIDS

CATEGORY: _____

SUB-CATEGORY: _____

QUALITY: _____

NEW WITH TAGS?   YES   NO   SIZE: _____

BRAND: _____

COLOR(S): _____

ORIGINAL MSRP: _____   MIN. SELL PRICE: _____

PHOTOS TAKEN: ☐   DATE LISTED: _____

DATE SOLD: _____   DATE SHIPPED: _____

SOLD PRICE   -   FEES   -   COST OF ITEM   =   **PROFIT**

_____   _____   _____   _____

ITEM # _____ LISTED ☐ SOLD ☐

DESCRIPTION/MEASUREMENTS:

WOMENS   MENS   KIDS

CATEGORY: _____

SUB-CATEGORY: _____

QUALITY: _____

NEW WITH TAGS?   YES   NO   SIZE: _____

BRAND: _____

COLOR(S): _____

ORIGINAL MSRP: _____   MIN. SELL PRICE: _____

PHOTOS TAKEN: ☐   DATE LISTED: _____

DATE SOLD: _____   DATE SHIPPED: _____

SOLD PRICE   -   FEES   -   COST OF ITEM   =   **PROFIT**

_____   _____   _____   _____

ITEM #   LISTED ☐   SOLD ☐

DESCRIPTION/MEASUREMENTS:

WOMENS   MENS   KIDS

CATEGORY: _____

     SUB-CATEGORY: _____

QUALITY: _____

NEW WITH TAGS?   YES   NO   SIZE: _____

     BRAND: _____

     COLOR(S): _____

ORIGINAL MSRP: _____   MIN. SELL PRICE: _____

PHOTOS TAKEN: ☐   DATE LISTED: _____

DATE SOLD: _____   DATE SHIPPED: _____

SOLD PRICE - FEES - COST OF ITEM = **PROFIT**

_____   _____   _____   _____

ITEM # _____   LISTED ☐   SOLD ☐

DESCRIPTION/MEASUREMENTS:

WOMENS   MENS   KIDS

CATEGORY: _____

SUB-CATEGORY: _____

QUALITY: _____

NEW WITH TAGS?   YES   NO   SIZE: _____

BRAND: _____

COLOR(S): _____

ORIGINAL MSRP: _____   MIN. SELL PRICE: _____

PHOTOS TAKEN: ☐   DATE LISTED: _____

DATE SOLD: _____   DATE SHIPPED: _____

SOLD PRICE   -   FEES   -   COST OF ITEM   =   **PROFIT**

_____   _____   _____   _____

ITEM #   LISTED ☐   SOLD ☐

DESCRIPTION/MEASUREMENTS:

WOMENS   MENS   KIDS

CATEGORY: _____

SUB-CATEGORY: _____

QUALITY: _____

NEW WITH TAGS?   YES   NO   SIZE: _____

BRAND: _____

COLOR(S): _____

ORIGINAL MSRP: _____   MIN. SELL PRICE: _____

PHOTOS TAKEN: ☐   DATE LISTED: _____

DATE SOLD: _____   DATE SHIPPED: _____

SOLD PRICE   -   FEES   -   COST OF ITEM   =   **PROFIT**

_____   _____   _____   _____

ITEM # _____ LISTED ☐ SOLD ☐

DESCRIPTION/MEASUREMENTS:

WOMENS   MENS   KIDS

CATEGORY: _____

SUB-CATEGORY: _____

QUALITY: _____

NEW WITH TAGS?   YES   NO   SIZE: _____

BRAND: _____

COLOR(S): _____

ORIGINAL MSRP: _____ MIN. SELL PRICE: _____

PHOTOS TAKEN: ☐   DATE LISTED: _____

DATE SOLD: _____ DATE SHIPPED: _____

SOLD PRICE - FEES - COST OF ITEM = **PROFIT**

_____   _____   _____   _____

ITEM #   LISTED ☐   SOLD ☐

DESCRIPTION/MEASUREMENTS:

WOMENS   MENS   KIDS

CATEGORY: _____

     SUB-CATEGORY: _____

QUALITY: _____

NEW WITH TAGS?   YES   NO   SIZE: _____

     BRAND: _____

     COLOR(S): _____

ORIGINAL MSRP: _____   MIN. SELL PRICE: _____

PHOTOS TAKEN: ☐   DATE LISTED: _____

DATE SOLD: _____   DATE SHIPPED: _____

SOLD PRICE	-	FEES	-	COST OF ITEM	=	**PROFIT**
_____		_____		_____		_____

ITEM #   LISTED ☐   SOLD ☐

DESCRIPTION/MEASUREMENTS:

WOMENS   MENS   KIDS

CATEGORY: _____

  SUB-CATEGORY: _____

QUALITY: _____

NEW WITH TAGS?   YES   NO   SIZE: _____

  BRAND: _____

COLOR(S): _____

ORIGINAL MSRP: _____   MIN. SELL PRICE: _____

PHOTOS TAKEN: ☐   DATE LISTED: _____

DATE SOLD: _____   DATE SHIPPED: _____

SOLD PRICE   -   FEES   -   COST OF ITEM   =   **PROFIT**

_____   _____   _____   _____

ITEM # _____   LISTED ☐   SOLD ☐

DESCRIPTION/MEASUREMENTS:

WOMENS   MENS   KIDS

CATEGORY: _____

SUB-CATEGORY: _____

QUALITY: _____

NEW WITH TAGS?   YES   NO   SIZE: _____

BRAND: _____

COLOR(S): _____

ORIGINAL MSRP: _____   MIN. SELL PRICE: _____

PHOTOS TAKEN: ☐   DATE LISTED: _____

DATE SOLD: _____   DATE SHIPPED: _____

SOLD PRICE   -   FEES   -   COST OF ITEM   =   **PROFIT**

_____   _____   _____   _____

ITEM # _____   LISTED ☐   SOLD ☐

DESCRIPTION/MEASUREMENTS:

WOMENS   MENS   KIDS

CATEGORY: _____

  SUB-CATEGORY: _____
QUALITY: _____

NEW WITH TAGS?   YES   NO   SIZE: _____
  BRAND: _____
  COLOR(S): _____

ORIGINAL MSRP: _____   MIN. SELL PRICE: _____

PHOTOS TAKEN: ☐   DATE LISTED: _____

DATE SOLD: _____   DATE SHIPPED: _____

SOLD PRICE   -   FEES   -   COST OF ITEM   =   **PROFIT**

_____   _____   _____   _____

ITEM #   LISTED ☐   SOLD ☐

DESCRIPTION/MEASUREMENTS:

WOMENS   MENS   KIDS

CATEGORY: _____

SUB-CATEGORY: _____

QUALITY: _____

NEW WITH TAGS?   YES   NO   SIZE: _____

BRAND: _____

COLOR(S): _____

ORIGINAL MSRP: _____   MIN. SELL PRICE: _____

PHOTOS TAKEN: ☐   DATE LISTED: _____

DATE SOLD: _____   DATE SHIPPED: _____

SOLD PRICE   -   FEES   -   COST OF ITEM   =   **PROFIT**

_____   _____   _____   _____

ITEM # _____   LISTED ☐   SOLD ☐

DESCRIPTION/MEASUREMENTS:

WOMENS   MENS   KIDS

CATEGORY: _____

SUB-CATEGORY: _____

QUALITY: _____

NEW WITH TAGS?   YES   NO   SIZE: _____

BRAND: _____

COLOR(S): _____

ORIGINAL MSRP: _____   MIN. SELL PRICE: _____

PHOTOS TAKEN: ☐   DATE LISTED: _____

DATE SOLD: _____   DATE SHIPPED: _____

SOLD PRICE   -   FEES   -   COST OF ITEM   =   **PROFIT**

_____   _____   _____   _____

ITEM #   LISTED ☐   SOLD ☐

DESCRIPTION/MEASUREMENTS:

WOMENS   MENS   KIDS

CATEGORY: _____

SUB-CATEGORY: _____

QUALITY: _____

NEW WITH TAGS?   YES   NO   SIZE: _____

BRAND: _____

COLOR(S): _____

ORIGINAL MSRP: _____   MIN. SELL PRICE: _____

PHOTOS TAKEN: ☐   DATE LISTED: _____

DATE SOLD: _____   DATE SHIPPED: _____

SOLD PRICE	-	FEES	-	COST OF ITEM	=	**PROFIT**
_____		_____		_____		_____

ITEM # _____ LISTED ☐ SOLD ☐

DESCRIPTION/MEASUREMENTS:

WOMENS   MENS   KIDS

CATEGORY: _____

SUB-CATEGORY: _____

QUALITY: _____

NEW WITH TAGS?   YES   NO   SIZE: _____

BRAND: _____

COLOR(S): _____

ORIGINAL MSRP: _____   MIN. SELL PRICE: _____

PHOTOS TAKEN: ☐   DATE LISTED: _____

DATE SOLD: _____   DATE SHIPPED: _____

SOLD PRICE   -   FEES   -   COST OF ITEM   =   **PROFIT**

_____   _____   _____   _____

ITEM #   LISTED ☐   SOLD ☐

DESCRIPTION/MEASUREMENTS:

WOMENS   MENS   KIDS

CATEGORY: _____

SUB-CATEGORY: _____

QUALITY: _____

NEW WITH TAGS?   YES   NO   SIZE: _____

BRAND: _____

COLOR(S): _____

ORIGINAL MSRP: _____   MIN. SELL PRICE: _____

PHOTOS TAKEN: ☐   DATE LISTED: _____

DATE SOLD: _____   DATE SHIPPED: _____

SOLD PRICE   -   FEES   -   COST OF ITEM   =   **PROFIT**

_____   _____   _____   _____

ITEM # _____ LISTED ☐ SOLD ☐

DESCRIPTION/MEASUREMENTS:

WOMENS   MENS   KIDS

CATEGORY: _____

SUB-CATEGORY: _____

QUALITY: _____

NEW WITH TAGS?   YES   NO   SIZE: _____

BRAND: _____

COLOR(S): _____

ORIGINAL MSRP: _____   MIN. SELL PRICE: _____

PHOTOS TAKEN: ☐   DATE LISTED: _____

DATE SOLD: _____   DATE SHIPPED: _____

SOLD PRICE - FEES - COST OF ITEM = **PROFIT**

_____   _____   _____   _____

ITEM #   LISTED ☐   SOLD ☐

DESCRIPTION/MEASUREMENTS:

WOMENS   MENS   KIDS

CATEGORY: _____

    SUB-CATEGORY: _____

QUALITY: _____

NEW WITH TAGS?   YES   NO   SIZE: _____

    BRAND: _____

    COLOR(S): _____

ORIGINAL MSRP: _____   MIN. SELL PRICE: _____

PHOTOS TAKEN: ☐   DATE LISTED: _____

DATE SOLD: _____   DATE SHIPPED: _____

SOLD PRICE   -   FEES   -   COST OF ITEM   =   **PROFIT**

_____   _____   _____   _____

ITEM # _____ LISTED ☐   SOLD ☐

DESCRIPTION/MEASUREMENTS:

WOMENS   MENS   KIDS

CATEGORY: _____

SUB-CATEGORY: _____

QUALITY: _____

NEW WITH TAGS?   YES   NO   SIZE: _____

BRAND: _____

COLOR(S): _____

ORIGINAL MSRP: _____   MIN. SELL PRICE: _____

PHOTOS TAKEN: ☐   DATE LISTED: _____

DATE SOLD: _____   DATE SHIPPED: _____

SOLD PRICE   -   FEES   -   COST OF ITEM   =   **PROFIT**

_____   _____   _____   _____

ITEM # LISTED ☐ SOLD ☐

DESCRIPTION/MEASUREMENTS:

WOMENS   MENS   KIDS

CATEGORY: _____

SUB-CATEGORY: _____

QUALITY: _____

NEW WITH TAGS?   YES   NO   SIZE: _____

BRAND: _____

COLOR(S): _____

ORIGINAL MSRP: _____   MIN. SELL PRICE: _____

PHOTOS TAKEN: ☐   DATE LISTED: _____

DATE SOLD: _____   DATE SHIPPED: _____

SOLD PRICE - FEES - COST OF ITEM = **PROFIT**

_____   _____   _____   _____

ITEM #   LISTED ☐   SOLD ☐

DESCRIPTION/MEASUREMENTS:

WOMENS   MENS   KIDS

CATEGORY: _____

  SUB-CATEGORY: _____

QUALITY: _____

NEW WITH TAGS?   YES   NO   SIZE: _____

  BRAND: _____

  COLOR(S): _____

ORIGINAL MSRP: _____   MIN. SELL PRICE: _____

PHOTOS TAKEN: ☐   DATE LISTED: _____

DATE SOLD: _____   DATE SHIPPED: _____

SOLD PRICE   -   FEES   -   COST OF ITEM   =   **PROFIT**

_____   _____   _____   _____

ITEM # _____   LISTED ☐   SOLD ☐

DESCRIPTION/MEASUREMENTS:

WOMENS   MENS   KIDS

CATEGORY: _____

SUB-CATEGORY: _____

QUALITY: _____

NEW WITH TAGS?   YES   NO   SIZE: _____

BRAND: _____

COLOR(S): _____

ORIGINAL MSRP: _____   MIN. SELL PRICE: _____

PHOTOS TAKEN: ☐   DATE LISTED: _____

DATE SOLD: _____   DATE SHIPPED: _____

SOLD PRICE   -   FEES   -   COST OF ITEM   =   **PROFIT**

_____   _____   _____   _____

ITEM # _____ LISTED ☐ SOLD ☐

DESCRIPTION/MEASUREMENTS:

WOMENS   MENS   KIDS

CATEGORY: _____

SUB-CATEGORY: _____

QUALITY: _____

NEW WITH TAGS?   YES   NO   SIZE: _____

BRAND: _____

COLOR(S): _____

ORIGINAL MSRP: _____   MIN. SELL PRICE: _____

PHOTOS TAKEN: ☐   DATE LISTED: _____

DATE SOLD: _____   DATE SHIPPED: _____

SOLD PRICE   -   FEES   -   COST OF ITEM   =   **PROFIT**

_____   _____   _____   _____

ITEM #   LISTED ☐   SOLD ☐

DESCRIPTION/MEASUREMENTS:

WOMENS   MENS   KIDS

CATEGORY: _____

SUB-CATEGORY: _____

QUALITY: _____

NEW WITH TAGS?   YES   NO   SIZE: _____

BRAND: _____

COLOR(S): _____

ORIGINAL MSRP: _____   MIN. SELL PRICE: _____

PHOTOS TAKEN: ☐   DATE LISTED: _____

DATE SOLD: _____   DATE SHIPPED: _____

SOLD PRICE   -   FEES   -   COST OF ITEM   =   **PROFIT**

_____   _____   _____   _____

ITEM # _____ LISTED ☐ SOLD ☐

DESCRIPTION/MEASUREMENTS:

WOMENS   MENS   KIDS

CATEGORY: _____

SUB-CATEGORY: _____

QUALITY: _____

NEW WITH TAGS?   YES   NO   SIZE: _____

BRAND: _____

COLOR(S): _____

ORIGINAL MSRP: _____   MIN. SELL PRICE: _____

PHOTOS TAKEN: ☐   DATE LISTED: _____

DATE SOLD: _____   DATE SHIPPED: _____

SOLD PRICE - FEES - COST OF ITEM = **PROFIT**

_____   _____   _____   _____

ITEM #   LISTED ☐   SOLD ☐

DESCRIPTION/MEASUREMENTS:

WOMENS   MENS   KIDS

CATEGORY: _____

SUB-CATEGORY: _____

QUALITY: _____

NEW WITH TAGS?   YES   NO   SIZE: _____

BRAND: _____

COLOR(S): _____

ORIGINAL MSRP: _____   MIN. SELL PRICE: _____

PHOTOS TAKEN: ☐   DATE LISTED: _____

DATE SOLD: _____   DATE SHIPPED: _____

SOLD PRICE   -   FEES   -   COST OF ITEM   =   **PROFIT**

_____   _____   _____   _____

ITEM # _____ LISTED ☐ SOLD ☐

DESCRIPTION/MEASUREMENTS:

WOMENS   MENS   KIDS

CATEGORY: _____

SUB-CATEGORY: _____

QUALITY: _____

NEW WITH TAGS?   YES   NO   SIZE: _____

BRAND: _____

COLOR(S): _____

ORIGINAL MSRP: _____   MIN. SELL PRICE: _____

PHOTOS TAKEN: ☐   DATE LISTED: _____

DATE SOLD: _____   DATE SHIPPED: _____

SOLD PRICE   -   FEES   -   COST OF ITEM   =   **PROFIT**

_____   _____   _____   _____

ITEM # _____   LISTED ☐   SOLD ☐

DESCRIPTION/MEASUREMENTS:

WOMENS   MENS   KIDS

CATEGORY: _____

SUB-CATEGORY: _____

QUALITY: _____

NEW WITH TAGS?   YES   NO   SIZE: _____

BRAND: _____

COLOR(S): _____

ORIGINAL MSRP: _____   MIN. SELL PRICE: _____

PHOTOS TAKEN: ☐   DATE LISTED: _____

DATE SOLD: _____   DATE SHIPPED: _____

SOLD PRICE - FEES - COST OF ITEM = **PROFIT**

_____   _____   _____   _____

ITEM # _____   LISTED ☐   SOLD ☐

DESCRIPTION/MEASUREMENTS:

WOMENS   MENS   KIDS

CATEGORY: _____

SUB-CATEGORY: _____

QUALITY: _____

NEW WITH TAGS?   YES   NO   SIZE: _____

BRAND: _____

COLOR(S): _____

ORIGINAL MSRP: _____   MIN. SELL PRICE: _____

PHOTOS TAKEN: ☐   DATE LISTED: _____

DATE SOLD: _____   DATE SHIPPED: _____

SOLD PRICE - FEES - COST OF ITEM = **PROFIT**

_____   _____   _____   _____

ITEM #   LISTED ☐   SOLD ☐

DESCRIPTION/MEASUREMENTS:

WOMENS   MENS   KIDS

CATEGORY: _____

     SUB-CATEGORY: _____

QUALITY: _____

NEW WITH TAGS?   YES   NO   SIZE: _____

    BRAND: _____

    COLOR(S): _____

ORIGINAL MSRP: _____   MIN. SELL PRICE: _____

PHOTOS TAKEN: ☐   DATE LISTED: _____

DATE SOLD: _____   DATE SHIPPED: _____

SOLD PRICE   -   FEES   -   COST OF ITEM   =   **PROFIT**

_____   _____   _____   _____

ITEM # _____ LISTED ☐ SOLD ☐

DESCRIPTION/MEASUREMENTS:

WOMENS   MENS   KIDS

CATEGORY: _____

SUB-CATEGORY: _____

QUALITY: _____

NEW WITH TAGS?   YES   NO   SIZE: _____

BRAND: _____

COLOR(S): _____

ORIGINAL MSRP: _____   MIN. SELL PRICE: _____

PHOTOS TAKEN: ☐   DATE LISTED: _____

DATE SOLD: _____   DATE SHIPPED: _____

SOLD PRICE   -   FEES   -   COST OF ITEM   =   **PROFIT**

_____   _____   _____   _____

ITEM #   LISTED ☐   SOLD ☐

DESCRIPTION/MEASUREMENTS:

WOMENS   MENS   KIDS

CATEGORY: _____

SUB-CATEGORY: _____

QUALITY: _____

NEW WITH TAGS?   YES   NO   SIZE: _____

BRAND: _____

COLOR(S): _____

ORIGINAL MSRP: _____   MIN. SELL PRICE: _____

PHOTOS TAKEN: ☐   DATE LISTED: _____

DATE SOLD: _____   DATE SHIPPED: _____

SOLD PRICE   -   FEES   -   COST OF ITEM   =   **PROFIT**

_____   _____   _____   _____

ITEM #   LISTED ☐   SOLD ☐

DESCRIPTION/MEASUREMENTS:

WOMENS   MENS   KIDS

CATEGORY: _____

     SUB-CATEGORY: _____

QUALITY: _____

NEW WITH TAGS?   YES   NO   SIZE: _____

   BRAND: _____

COLOR(S): _____

ORIGINAL MSRP: _____   MIN. SELL PRICE: _____

PHOTOS TAKEN: ☐   DATE LISTED: _____

DATE SOLD: _____   DATE SHIPPED: _____

SOLD PRICE   -   FEES   -   COST OF ITEM   =   **PROFIT**

_____   _____   _____   _____

ITEM # _____   LISTED ☐   SOLD ☐

DESCRIPTION/MEASUREMENTS:

WOMENS   MENS   KIDS

CATEGORY: _____

SUB-CATEGORY: _____

QUALITY: _____

NEW WITH TAGS?   YES   NO   SIZE: _____

BRAND: _____

COLOR(S): _____

ORIGINAL MSRP: _____   MIN. SELL PRICE: _____

PHOTOS TAKEN: ☐   DATE LISTED: _____

DATE SOLD: _____   DATE SHIPPED: _____

SOLD PRICE   -   FEES   -   COST OF ITEM   =   **PROFIT**

_____   _____   _____   _____

ITEM # _____   LISTED ☐   SOLD ☐

DESCRIPTION/MEASUREMENTS:

WOMENS   MENS   KIDS

CATEGORY: _____

SUB-CATEGORY: _____

QUALITY: _____

NEW WITH TAGS?   YES   NO   SIZE: _____

BRAND: _____

COLOR(S): _____

ORIGINAL MSRP: _____   MIN. SELL PRICE: _____

PHOTOS TAKEN: ☐   DATE LISTED: _____

DATE SOLD: _____   DATE SHIPPED: _____

SOLD PRICE   -   FEES   -   COST OF ITEM   =   **PROFIT**

_____   _____   _____   _____

ITEM #   LISTED ☐   SOLD ☐

DESCRIPTION/MEASUREMENTS:

WOMENS   MENS   KIDS

CATEGORY: _____

SUB-CATEGORY: _____

QUALITY: _____

NEW WITH TAGS?   YES   NO   SIZE: _____

BRAND: _____

COLOR(S): _____

ORIGINAL MSRP: _____   MIN. SELL PRICE: _____

PHOTOS TAKEN: ☐   DATE LISTED: _____

DATE SOLD: _____   DATE SHIPPED: _____

SOLD PRICE   -   FEES   -   COST OF ITEM   =   **PROFIT**

_____   _____   _____   _____

ITEM # _____   LISTED ☐   SOLD ☐

DESCRIPTION/MEASUREMENTS:

WOMENS   MENS   KIDS

CATEGORY: _____

SUB-CATEGORY: _____

QUALITY: _____

NEW WITH TAGS?   YES   NO   SIZE: _____

BRAND: _____

COLOR(S): _____

ORIGINAL MSRP: _____   MIN. SELL PRICE: _____

PHOTOS TAKEN: ☐   DATE LISTED: _____

DATE SOLD: _____   DATE SHIPPED: _____

SOLD PRICE	-	FEES	-	COST OF ITEM	=	**PROFIT**
_____		_____		_____		_____

ITEM #   LISTED ☐   SOLD ☐

DESCRIPTION/MEASUREMENTS:

WOMENS   MENS   KIDS

CATEGORY: _____

SUB-CATEGORY: _____

QUALITY: _____

NEW WITH TAGS?   YES   NO   SIZE: _____

BRAND: _____

COLOR(S): _____

ORIGINAL MSRP: _____   MIN. SELL PRICE: _____

PHOTOS TAKEN: ☐   DATE LISTED: _____

DATE SOLD: _____   DATE SHIPPED: _____

SOLD PRICE   -   FEES   -   COST OF ITEM   =   **PROFIT**

_____   _____   _____   _____

ITEM # _____ LISTED ☐ SOLD ☐

DESCRIPTION/MEASUREMENTS:

WOMENS   MENS   KIDS

CATEGORY: _____

SUB-CATEGORY: _____

QUALITY: _____

NEW WITH TAGS?   YES   NO   SIZE: _____

BRAND: _____

COLOR(S): _____

ORIGINAL MSRP: _____   MIN. SELL PRICE: _____

PHOTOS TAKEN: ☐   DATE LISTED: _____

DATE SOLD: _____   DATE SHIPPED: _____

SOLD PRICE   -   FEES   -   COST OF ITEM   =   **PROFIT**

_____   _____   _____   _____

ITEM #   LISTED ☐   SOLD ☐

DESCRIPTION/MEASUREMENTS:

WOMENS   MENS   KIDS

CATEGORY: _____

SUB-CATEGORY: _____

QUALITY: _____

NEW WITH TAGS?   YES   NO   SIZE: _____

BRAND: _____

COLOR(S): _____

ORIGINAL MSRP: _____   MIN. SELL PRICE: _____

PHOTOS TAKEN: ☐   DATE LISTED: _____

DATE SOLD: _____   DATE SHIPPED: _____

SOLD PRICE   -   FEES   -   COST OF ITEM   =   **PROFIT**

_____   _____   _____   _____

ITEM # _____   LISTED ☐   SOLD ☐

DESCRIPTION/MEASUREMENTS:

WOMENS   MENS   KIDS

CATEGORY: _____

   SUB-CATEGORY: _____

QUALITY: _____

NEW WITH TAGS?   YES   NO   SIZE: _____

   BRAND: _____

   COLOR(S): _____

ORIGINAL MSRP: _____   MIN. SELL PRICE: _____

PHOTOS TAKEN: ☐   DATE LISTED: _____

DATE SOLD: _____   DATE SHIPPED: _____

SOLD PRICE   -   FEES   -   COST OF ITEM   =   **PROFIT**

_____   _____   _____   _____

ITEM #   LISTED ☐   SOLD ☐

DESCRIPTION/MEASUREMENTS:

WOMENS   MENS   KIDS

CATEGORY: _____

SUB-CATEGORY: _____

QUALITY: _____

NEW WITH TAGS?   YES   NO   SIZE: _____

BRAND: _____

COLOR(S): _____

ORIGINAL MSRP: _____   MIN. SELL PRICE: _____

PHOTOS TAKEN: ☐   DATE LISTED: _____

DATE SOLD: _____   DATE SHIPPED: _____

SOLD PRICE   -   FEES   -   COST OF ITEM   =   **PROFIT**

_____   _____   _____   _____

ITEM # _____   LISTED ☐   SOLD ☐

DESCRIPTION/MEASUREMENTS:

WOMENS   MENS   KIDS

CATEGORY: _____

SUB-CATEGORY: _____

QUALITY: _____

NEW WITH TAGS?   YES   NO   SIZE: _____

BRAND: _____

COLOR(S): _____

ORIGINAL MSRP: _____   MIN. SELL PRICE: _____

PHOTOS TAKEN: ☐   DATE LISTED: _____

DATE SOLD: _____   DATE SHIPPED: _____

SOLD PRICE   -   FEES   -   COST OF ITEM   =   **PROFIT**

_____   _____   _____   _____

ITEM #   LISTED ☐   SOLD ☐

DESCRIPTION/MEASUREMENTS:

WOMENS   MENS   KIDS

CATEGORY: _____

SUB-CATEGORY: _____

QUALITY: _____

NEW WITH TAGS?   YES   NO   SIZE: _____

BRAND: _____

COLOR(S): _____

ORIGINAL MSRP: _____   MIN. SELL PRICE: _____

PHOTOS TAKEN: ☐   DATE LISTED: _____

DATE SOLD: _____   DATE SHIPPED: _____

SOLD PRICE   -   FEES   -   COST OF ITEM   =   **PROFIT**

_____   _____   _____   _____

ITEM #   LISTED ☐   SOLD ☐

DESCRIPTION/MEASUREMENTS:

WOMENS   MENS   KIDS

CATEGORY: _____

SUB-CATEGORY: _____

QUALITY: _____

NEW WITH TAGS?   YES   NO   SIZE: _____

BRAND: _____

COLOR(S): _____

ORIGINAL MSRP: _____   MIN. SELL PRICE: _____

PHOTOS TAKEN: ☐   DATE LISTED: _____

DATE SOLD: _____   DATE SHIPPED: _____

SOLD PRICE -   FEES   - COST OF ITEM = **PROFIT**

_____   _____   _____   _____

ITEM #   LISTED ☐   SOLD ☐

DESCRIPTION/MEASUREMENTS:

WOMENS   MENS   KIDS

CATEGORY: _____

SUB-CATEGORY: _____

QUALITY: _____

NEW WITH TAGS?   YES   NO   SIZE: _____

BRAND: _____

COLOR(S): _____

ORIGINAL MSRP: _____   MIN. SELL PRICE: _____

PHOTOS TAKEN: ☐   DATE LISTED: _____

DATE SOLD: _____   DATE SHIPPED: _____

SOLD PRICE	-	FEES	-	COST OF ITEM	=	**PROFIT**
_____		_____		_____		_____

ITEM #   LISTED ☐   SOLD ☐

DESCRIPTION/MEASUREMENTS:

WOMENS   MENS   KIDS

CATEGORY: _____

     SUB-CATEGORY: _____

QUALITY: _____

NEW WITH TAGS?   YES   NO   SIZE: _____

    BRAND: _____

    COLOR(S): _____

ORIGINAL MSRP: _____   MIN. SELL PRICE: _____

PHOTOS TAKEN: ☐   DATE LISTED: _____

DATE SOLD: _____   DATE SHIPPED: _____

SOLD PRICE   -   FEES   -   COST OF ITEM   =   **PROFIT**

_____   _____   _____   _____

ITEM #   LISTED ☐   SOLD ☐

DESCRIPTION/MEASUREMENTS:

WOMENS   MENS   KIDS

CATEGORY: _____

SUB-CATEGORY: _____

QUALITY: _____

NEW WITH TAGS?   YES   NO   SIZE: _____

BRAND: _____

COLOR(S): _____

ORIGINAL MSRP: _____   MIN. SELL PRICE: _____

PHOTOS TAKEN: ☐   DATE LISTED: _____

DATE SOLD: _____   DATE SHIPPED: _____

SOLD PRICE	-	FEES	-	COST OF ITEM	=	**PROFIT**
_____		_____		_____		_____

ITEM #   LISTED ☐   SOLD ☐

DESCRIPTION/MEASUREMENTS:

WOMENS   MENS   KIDS

CATEGORY: _____

SUB-CATEGORY: _____

QUALITY: _____

NEW WITH TAGS?   YES   NO   SIZE: _____

BRAND: _____

COLOR(S): _____

ORIGINAL MSRP: _____   MIN. SELL PRICE: _____

PHOTOS TAKEN: ☐   DATE LISTED: _____

DATE SOLD: _____   DATE SHIPPED: _____

SOLD PRICE	-	FEES	-	COST OF ITEM	=	**PROFIT**
_____		_____		_____		_____

ITEM #   LISTED ☐   SOLD ☐

DESCRIPTION/MEASUREMENTS:

WOMENS   MENS   KIDS

CATEGORY: _____

SUB-CATEGORY: _____

QUALITY: _____

NEW WITH TAGS?   YES   NO   SIZE: _____

BRAND: _____

COLOR(S): _____

ORIGINAL MSRP: _____   MIN. SELL PRICE: _____

PHOTOS TAKEN: ☐   DATE LISTED: _____

DATE SOLD: _____   DATE SHIPPED: _____

SOLD PRICE	-	FEES	-	COST OF ITEM	=	**PROFIT**
_____		_____		_____		_____

ITEM # _____ LISTED ☐ SOLD ☐

DESCRIPTION/MEASUREMENTS:

WOMENS   MENS   KIDS

CATEGORY: _____

SUB-CATEGORY: _____

QUALITY: _____

NEW WITH TAGS?   YES   NO   SIZE: _____

BRAND: _____

COLOR(S): _____

ORIGINAL MSRP: _____   MIN. SELL PRICE: _____

PHOTOS TAKEN: ☐   DATE LISTED: _____

DATE SOLD: _____   DATE SHIPPED: _____

SOLD PRICE   -   FEES   -   COST OF ITEM   =   **PROFIT**

_____   _____   _____   _____

ITEM # _____   LISTED ☐   SOLD ☐

DESCRIPTION/MEASUREMENTS:

WOMENS   MENS   KIDS

CATEGORY: _____

SUB-CATEGORY: _____

QUALITY: _____

NEW WITH TAGS?   YES   NO   SIZE: _____

BRAND: _____

COLOR(S): _____

ORIGINAL MSRP: _____   MIN. SELL PRICE: _____

PHOTOS TAKEN: ☐   DATE LISTED: _____

DATE SOLD: _____   DATE SHIPPED: _____

SOLD PRICE   -   FEES   -   COST OF ITEM   =   **PROFIT**

_____   _____   _____   _____

ITEM # _____   LISTED ☐   SOLD ☐

DESCRIPTION/MEASUREMENTS:

WOMENS   MENS   KIDS

CATEGORY: _____

SUB-CATEGORY: _____

QUALITY: _____

NEW WITH TAGS?   YES   NO   SIZE: _____

BRAND: _____

COLOR(S): _____

ORIGINAL MSRP: _____   MIN. SELL PRICE: _____

PHOTOS TAKEN: ☐   DATE LISTED: _____

DATE SOLD: _____   DATE SHIPPED: _____

SOLD PRICE - FEES - COST OF ITEM = **PROFIT**

_____   _____   _____   _____

ITEM #   LISTED ☐   SOLD ☐

DESCRIPTION/MEASUREMENTS:

WOMENS   MENS   KIDS

CATEGORY: _____

SUB-CATEGORY: _____

QUALITY: _____

NEW WITH TAGS?   YES   NO   SIZE: _____

BRAND: _____

COLOR(S): _____

ORIGINAL MSRP: _____   MIN. SELL PRICE: _____

PHOTOS TAKEN: ☐   DATE LISTED: _____

DATE SOLD: _____   DATE SHIPPED: _____

SOLD PRICE   -   FEES   -   COST OF ITEM   =   **PROFIT**

_____   _____   _____   _____

ITEM #   LISTED ☐   SOLD ☐

DESCRIPTION/MEASUREMENTS:

WOMENS   MENS   KIDS

CATEGORY: _____

  SUB-CATEGORY: _____
QUALITY: _____

NEW WITH TAGS?   YES   NO   SIZE: _____

  BRAND: _____

COLOR(S): _____

ORIGINAL MSRP: _____   MIN. SELL PRICE: _____

PHOTOS TAKEN: ☐   DATE LISTED: _____

DATE SOLD: _____   DATE SHIPPED: _____

SOLD PRICE - FEES - COST OF ITEM = **PROFIT**

_____   _____   _____   _____

ITEM # _____ LISTED ☐ SOLD ☐

DESCRIPTION/MEASUREMENTS:

WOMENS   MENS   KIDS

CATEGORY: _____

SUB-CATEGORY: _____

QUALITY: _____

NEW WITH TAGS?   YES   NO   SIZE: _____

BRAND: _____

COLOR(S): _____

ORIGINAL MSRP: _____   MIN. SELL PRICE: _____

PHOTOS TAKEN: ☐   DATE LISTED: _____

DATE SOLD: _____   DATE SHIPPED: _____

SOLD PRICE   -   FEES   -   COST OF ITEM   =   **PROFIT**

_____   _____   _____   _____

ITEM #   LISTED ☐   SOLD ☐

DESCRIPTION/MEASUREMENTS:

WOMENS   MENS   KIDS

CATEGORY: _____

SUB-CATEGORY: _____

QUALITY: _____

NEW WITH TAGS?   YES   NO   SIZE: _____

BRAND: _____

COLOR(S): _____

ORIGINAL MSRP: _____   MIN. SELL PRICE: _____

PHOTOS TAKEN: ☐   DATE LISTED: _____

DATE SOLD: _____   DATE SHIPPED: _____

SOLD PRICE - FEES - COST OF ITEM = **PROFIT**

_____   _____   _____   _____

ITEM #   LISTED ☐   SOLD ☐

DESCRIPTION/MEASUREMENTS:

WOMENS   MENS   KIDS

CATEGORY: _____

SUB-CATEGORY: _____

QUALITY: _____

NEW WITH TAGS?   YES   NO   SIZE: _____

BRAND: _____

COLOR(S): _____

ORIGINAL MSRP: _____   MIN. SELL PRICE: _____

PHOTOS TAKEN: ☐   DATE LISTED: _____

DATE SOLD: _____   DATE SHIPPED: _____

SOLD PRICE   -   FEES   -   COST OF ITEM   =   **PROFIT**

_____   _____   _____   _____

ITEM # _____ LISTED ☐ SOLD ☐

DESCRIPTION/MEASUREMENTS:

WOMENS　　　MENS　　　KIDS

CATEGORY: _____

SUB-CATEGORY: _____

QUALITY: _____

NEW WITH TAGS?　　YES　　NO　　　SIZE: _____

BRAND: _____

COLOR(S): _____

ORIGINAL MSRP: _____　　MIN. SELL PRICE: _____

PHOTOS TAKEN: ☐　　　DATE LISTED: _____

DATE SOLD: _____　　DATE SHIPPED: _____

SOLD PRICE　-　FEES　-　COST OF ITEM　=　**PROFIT**

_____　_____　_____　_____

ITEM #   LISTED ☐   SOLD ☐

DESCRIPTION/MEASUREMENTS:

WOMENS   MENS   KIDS

CATEGORY: _____

    SUB-CATEGORY: _____

QUALITY: _____

NEW WITH TAGS?   YES   NO   SIZE: _____

   BRAND: _____

   COLOR(S): _____

ORIGINAL MSRP: _____   MIN. SELL PRICE: _____

PHOTOS TAKEN: ☐   DATE LISTED: _____

DATE SOLD: _____   DATE SHIPPED: _____

SOLD PRICE	-	FEES	-	COST OF ITEM	=	**PROFIT**
_____		_____		_____		_____

ITEM # _____ LISTED ☐ SOLD ☐

DESCRIPTION/MEASUREMENTS:

WOMENS   MENS   KIDS

CATEGORY: _____

SUB-CATEGORY: _____

QUALITY: _____

NEW WITH TAGS?   YES   NO   SIZE: _____

BRAND: _____

COLOR(S): _____

ORIGINAL MSRP: _____   MIN. SELL PRICE: _____

PHOTOS TAKEN: ☐   DATE LISTED: _____

DATE SOLD: _____   DATE SHIPPED: _____

SOLD PRICE   -   FEES   -   COST OF ITEM   =   **PROFIT**

_____   _____   _____   _____

ITEM #   LISTED ☐   SOLD ☐

DESCRIPTION/MEASUREMENTS:

WOMENS   MENS   KIDS

CATEGORY: _____

SUB-CATEGORY: _____

QUALITY: _____

NEW WITH TAGS?   YES   NO   SIZE: _____

BRAND: _____

COLOR(S): _____

ORIGINAL MSRP: _____   MIN. SELL PRICE: _____

PHOTOS TAKEN: ☐   DATE LISTED: _____

DATE SOLD: _____   DATE SHIPPED: _____

SOLD PRICE   -   FEES   -   COST OF ITEM   =   **PROFIT**

_____   _____   _____   _____

ITEM # _____   LISTED ☐   SOLD ☐

DESCRIPTION/MEASUREMENTS:

WOMENS   MENS   KIDS

CATEGORY: _____

SUB-CATEGORY: _____

QUALITY: _____

NEW WITH TAGS?   YES   NO   SIZE: _____

BRAND: _____

COLOR(S): _____

ORIGINAL MSRP: _____   MIN. SELL PRICE: _____

PHOTOS TAKEN: ☐   DATE LISTED: _____

DATE SOLD: _____   DATE SHIPPED: _____

SOLD PRICE   -   FEES   -   COST OF ITEM   =   **PROFIT**

_____   _____   _____   _____

ITEM #   LISTED ☐   SOLD ☐

DESCRIPTION/MEASUREMENTS:

WOMENS   MENS   KIDS

CATEGORY: _____

    SUB-CATEGORY: _____

QUALITY: _____

NEW WITH TAGS?   YES   NO   SIZE: _____

   BRAND: _____

   COLOR(S): _____

ORIGINAL MSRP: _____   MIN. SELL PRICE: _____

PHOTOS TAKEN: ☐   DATE LISTED: _____

DATE SOLD: _____   DATE SHIPPED: _____

SOLD PRICE	-	FEES	-	COST OF ITEM	=	**PROFIT**
_____		_____		_____		_____

ITEM #　　　　　　　　　LISTED ☐　　　　SOLD ☐

DESCRIPTION/MEASUREMENTS:

WOMENS　　　　　MENS　　　　　KIDS

CATEGORY: _____

SUB-CATEGORY: _____

QUALITY: _____

NEW WITH TAGS?　　YES　　NO　　　　SIZE: _____

BRAND: _____

COLOR(S): _____

ORIGINAL MSRP: _____　　MIN. SELL PRICE: _____

PHOTOS TAKEN: ☐　　　　DATE LISTED: _____

DATE SOLD: _____　　DATE SHIPPED: _____

SOLD PRICE　-　　FEES　　-　COST OF ITEM　=　**PROFIT**

_____　　_____　　_____　　_____

ITEM # _____   LISTED ☐   SOLD ☐

DESCRIPTION/MEASUREMENTS:

WOMENS   MENS   KIDS

CATEGORY: _____

   SUB-CATEGORY: _____

QUALITY: _____

NEW WITH TAGS?   YES   NO   SIZE: _____

   BRAND: _____

   COLOR(S): _____

ORIGINAL MSRP: _____   MIN. SELL PRICE: _____

PHOTOS TAKEN: ☐   DATE LISTED: _____

DATE SOLD: _____   DATE SHIPPED: _____

SOLD PRICE   -   FEES   -   COST OF ITEM   =   **PROFIT**

_____   _____   _____   _____

ITEM # _____ LISTED ☐ SOLD ☐

DESCRIPTION/MEASUREMENTS:

WOMENS   MENS   KIDS

CATEGORY: _____

　　SUB-CATEGORY: _____

QUALITY: _____

NEW WITH TAGS?　YES　NO　　SIZE: _____

　BRAND: _____

　COLOR(S): _____

ORIGINAL MSRP: _____ MIN. SELL PRICE: _____

PHOTOS TAKEN: ☐   DATE LISTED: _____

DATE SOLD: _____   DATE SHIPPED: _____

SOLD PRICE - FEES - COST OF ITEM = **PROFIT**

_____   _____   _____   _____

ITEM #   LISTED ☐   SOLD ☐

DESCRIPTION/MEASUREMENTS:

WOMENS   MENS   KIDS

CATEGORY: _____

SUB-CATEGORY: _____

QUALITY: _____

NEW WITH TAGS?   YES   NO   SIZE: _____

BRAND: _____

COLOR(S): _____

ORIGINAL MSRP: _____   MIN. SELL PRICE: _____

PHOTOS TAKEN: ☐   DATE LISTED: _____

DATE SOLD: _____   DATE SHIPPED: _____

SOLD PRICE - FEES - COST OF ITEM = **PROFIT**

_____   _____   _____   _____

ITEM # LISTED ☐ SOLD ☐

DESCRIPTION/MEASUREMENTS:

WOMENS   MENS   KIDS

CATEGORY: _____

SUB-CATEGORY: _____

QUALITY: _____

NEW WITH TAGS?   YES   NO   SIZE: _____

BRAND: _____

COLOR(S): _____

ORIGINAL MSRP: _____   MIN. SELL PRICE: _____

PHOTOS TAKEN: ☐   DATE LISTED: _____

DATE SOLD: _____   DATE SHIPPED: _____

SOLD PRICE   -   FEES   -   COST OF ITEM   =   **PROFIT**

_____   _____   _____   _____

ITEM #   LISTED ☐   SOLD ☐

DESCRIPTION/MEASUREMENTS:

WOMENS   MENS   KIDS

CATEGORY: _____

SUB-CATEGORY: _____

QUALITY: _____

NEW WITH TAGS?   YES   NO   SIZE: _____

BRAND: _____

COLOR(S): _____

ORIGINAL MSRP: _____   MIN. SELL PRICE: _____

PHOTOS TAKEN: ☐   DATE LISTED: _____

DATE SOLD: _____   DATE SHIPPED: _____

SOLD PRICE	-	FEES	-	COST OF ITEM	=	**PROFIT**
_____		_____		_____		_____

ITEM # _____   LISTED ☐   SOLD ☐

DESCRIPTION/MEASUREMENTS:

WOMENS   MENS   KIDS

CATEGORY: _____

SUB-CATEGORY: _____
QUALITY: _____

NEW WITH TAGS?   YES   NO   SIZE: _____

BRAND: _____

COLOR(S): _____

ORIGINAL MSRP: _____   MIN. SELL PRICE: _____

PHOTOS TAKEN: ☐   DATE LISTED: _____

DATE SOLD: _____   DATE SHIPPED: _____

SOLD PRICE   -   FEES   -   COST OF ITEM   =   **PROFIT**

_____   _____   _____   _____

ITEM #   LISTED ☐   SOLD ☐

DESCRIPTION/MEASUREMENTS:

WOMENS   MENS   KIDS

CATEGORY: _____

SUB-CATEGORY: _____

QUALITY: _____

NEW WITH TAGS?   YES   NO   SIZE: _____

BRAND: _____

COLOR(S): _____

ORIGINAL MSRP: _____   MIN. SELL PRICE: _____

PHOTOS TAKEN: ☐   DATE LISTED: _____

DATE SOLD: _____   DATE SHIPPED: _____

SOLD PRICE   -   FEES   -   COST OF ITEM   =   **PROFIT**

_____   _____   _____

ITEM # _____ LISTED ☐   SOLD ☐

DESCRIPTION/MEASUREMENTS:

WOMENS   MENS   KIDS

CATEGORY: _____

SUB-CATEGORY: _____

QUALITY: _____

NEW WITH TAGS?   YES   NO   SIZE: _____

BRAND: _____

COLOR(S): _____

ORIGINAL MSRP: _____   MIN. SELL PRICE: _____

PHOTOS TAKEN: ☐   DATE LISTED: _____

DATE SOLD: _____   DATE SHIPPED: _____

SOLD PRICE   -   FEES   -   COST OF ITEM   =   **PROFIT**

_____   _____   _____   _____

ITEM #   LISTED ☐   SOLD ☐

DESCRIPTION/MEASUREMENTS:

WOMENS   MENS   KIDS

CATEGORY: _____

SUB-CATEGORY: _____

QUALITY: _____

NEW WITH TAGS?   YES   NO   SIZE: _____

BRAND: _____

COLOR(S): _____

ORIGINAL MSRP: _____   MIN. SELL PRICE: _____

PHOTOS TAKEN: ☐   DATE LISTED: _____

DATE SOLD: _____   DATE SHIPPED: _____

SOLD PRICE   -   FEES   -   COST OF ITEM   =   **PROFIT**

_____   _____   _____   _____

ITEM # _____ LISTED ☐ SOLD ☐

DESCRIPTION/MEASUREMENTS:

WOMENS   MENS   KIDS

CATEGORY: _____

SUB-CATEGORY: _____

QUALITY: _____

NEW WITH TAGS?   YES   NO   SIZE: _____

BRAND: _____

COLOR(S): _____

ORIGINAL MSRP: _____   MIN. SELL PRICE: _____

PHOTOS TAKEN: ☐   DATE LISTED: _____

DATE SOLD: _____   DATE SHIPPED: _____

SOLD PRICE   -   FEES   -   COST OF ITEM   =   **PROFIT**

_____   _____   _____   _____

ITEM # _____ LISTED ☐ SOLD ☐

DESCRIPTION/MEASUREMENTS:

WOMENS   MENS   KIDS

CATEGORY: _____

SUB-CATEGORY: _____

QUALITY: _____

NEW WITH TAGS?   YES   NO   SIZE: _____

BRAND: _____

COLOR(S): _____

ORIGINAL MSRP: _____   MIN. SELL PRICE: _____

PHOTOS TAKEN: ☐   DATE LISTED: _____

DATE SOLD: _____   DATE SHIPPED: _____

SOLD PRICE   -   FEES   -   COST OF ITEM   =   **PROFIT**

_____   _____   _____   _____

ITEM # _____   LISTED ☐   SOLD ☐

DESCRIPTION/MEASUREMENTS:

WOMENS   MENS   KIDS

CATEGORY: _____

 SUB-CATEGORY: _____

QUALITY: _____

NEW WITH TAGS?   YES   NO   SIZE: _____

 BRAND: _____

COLOR(S): _____

ORIGINAL MSRP: _____   MIN. SELL PRICE: _____

PHOTOS TAKEN: ☐   DATE LISTED: _____

DATE SOLD: _____   DATE SHIPPED: _____

SOLD PRICE   -   FEES   -   COST OF ITEM   =   **PROFIT**

_____   _____   _____   _____

ITEM #   LISTED ☐   SOLD ☐

DESCRIPTION/MEASUREMENTS:

WOMENS   MENS   KIDS

CATEGORY: _____

    SUB-CATEGORY: _____

QUALITY: _____

NEW WITH TAGS?   YES   NO   SIZE: _____

    BRAND: _____

    COLOR(S): _____

ORIGINAL MSRP: _____   MIN. SELL PRICE: _____

PHOTOS TAKEN: ☐   DATE LISTED: _____

DATE SOLD: _____   DATE SHIPPED: _____

SOLD PRICE   -   FEES   -   COST OF ITEM   =   **PROFIT**

_____   _____   _____   _____

ITEM # _____   LISTED ☐   SOLD ☐

DESCRIPTION/MEASUREMENTS:

WOMENS   MENS   KIDS

CATEGORY: _____

SUB-CATEGORY: _____

QUALITY: _____

NEW WITH TAGS?   YES   NO   SIZE: _____

BRAND: _____

COLOR(S): _____

ORIGINAL MSRP: _____   MIN. SELL PRICE: _____

PHOTOS TAKEN: ☐   DATE LISTED: _____

DATE SOLD: _____   DATE SHIPPED: _____

SOLD PRICE   -   FEES   -   COST OF ITEM   =   **PROFIT**

_____   _____   _____   _____

ITEM #   LISTED ☐   SOLD ☐

DESCRIPTION/MEASUREMENTS:

WOMENS   MENS   KIDS

CATEGORY: _____

    SUB-CATEGORY: _____

QUALITY: _____

NEW WITH TAGS?   YES   NO   SIZE: _____

   BRAND: _____

   COLOR(S): _____

ORIGINAL MSRP: _____   MIN. SELL PRICE: _____

PHOTOS TAKEN: ☐   DATE LISTED: _____

DATE SOLD: _____   DATE SHIPPED: _____

SOLD PRICE   -   FEES   -   COST OF ITEM   =   **PROFIT**

_____   _____   _____   _____

Made in the USA
Las Vegas, NV
22 April 2023

70968332R00057